의인의 간구는 역사하는 힘이 많으니라.

약 5:16 下

THE POWER OF A PRAYING® HUSBAND BOOK OF PRAYERS
by Stormie Omartian

Copyright © 2004 Stormie Omartian
Published by Harvest House Publishers
Eugene, Oregon 97402 USA.
www.harvesthousepublishers.com
All rights reserved.

Korean Edition published by Word of Life Press, Seoul, 2004, 2005.
Translated and published by permission.
Printed in Korea.

남편의 기도로 아내를 돕는다 _기도모음

ⓒ 생명의말씀사 2004, 2005

2004년 11월 5일 1판 1쇄 발행
2005년 6월 5일   8쇄 발행
2005년 9월 15일 2판 1쇄 발행
2023년 7월 24일   48쇄 발행

펴낸이 | 김창영
펴낸곳 | 생명의말씀사

등록 | 1962. 1. 10. No.300-1962-1
주소 | 서울시 종로구 경희궁1길 6(03176)
전화 | 02)738-6555(본사) · 02)3159-7979(영업)
팩스 | 02)739-3824(본사) · 080-022-8585(영업)

기획편집 | 조해림
디자인 | 윤보람, 맹영미
인쇄 | 영진문원
제본 | 다온바인텍

ISBN 89-04-15612-2
　　　89-04-00117-X (세트)

저작권자의 허락 없이 이 책의 일부 또는 전체를
무단 복제, 전재, 발췌하면 저작권법에 의해 처벌을 받습니다.

남편의 기도로 아내를 돕는다

The Power of a Praying® Husband

· 기도모음 ·

스토미 오마샨 지음
조계광 옮김

생명의말씀사

| 서문 | 아내를 돕는 기도

Introduction

남편의 기도로 아내를 돕는다가 나온 후에 이 책의 기도들을 별책으로 만들어 주머니나 가방 안에 넣거나 차 안, 테이블, 책상 위 등에 두고 언제든 사용할 수 있게 해달라는 요청이 쇄도했습니다.

대부분의 남편들은 아내를 위해 기도하고 싶지만 바쁘기 때문에 기도할 시간을 내지 못합니다. 혹시 기도할 시간이 생긴다 해도 무엇을 어떻게 기도해야 할지 모릅니다. 당신이 그런 남편들 중 한 사람이라면 이 책이 큰 도움이 될 것입니다. 한 가지 기도를 하는 데 1분도 채 안 걸릴 것입니다. 그렇지만 여기에 있는 기도들을 하나하나 해 간다면, 기도로 아내를 충분히 도울 수 있을 것입니다.

나는 매일 매일 다른 기도를 하라고 권하고 싶습니다. 생각날 때 하루에 한번 이상 기도하십시오. 당신이 아내를 위해 기도하고 있다고 말하고 특별한 기도 제목이 있는지 물어보십시오.

아내를 위해 기도할 것이 많다는 사실에 주눅 들지 마십시오. 하루 만에, 한 주 만에, 심지어 한 달 만에 기도를 끝낼 필요는 없습니다. 어떤 순서대로 기도해야 하는 것도 아닙니다. 그저 성령님께 자신을 맡기십시오. 어떻게 기도할지, 언제 기도 응답이 올지 걱정하지 마십시오. 그것은 당신이 할 일이 아닙니다. 당신은 기도만 하십시오. 응답은 하나님의 일입니다. 주님의 손에 모든 것을 맡기십시오. 그러면 기도 응답의 즐거움을 맛볼 뿐 아니라 당신 자신과, 아내와, 결혼 생활에서 대단한 변화를 체험하게 될 것입니다.

– 스토미 오마샨

■ 서문 _ 4

나는 아내를 위해 이렇게 기도하겠습니다.

남편된 나의 바른 자세를 위해 _ 8

아내의 영혼을 위해 _ 14

감정을 위해 _ 20

모성을 위해 _ 28

기분을 위해 _ 34

결혼 생활을 위해 _ 40

남편 순종을 위해 _ 48

인간 관계를 위해 _ 52

우선 순위를 위해 _ 56

아름다움을 위해 _ 62

성을 위해	_ 66
두려움을 위해	_ 74
소명을 위해	_ 82
신뢰를 위해	_ 88
보호를 위해	_ 94
소원을 위해	_ 100
일을 위해	_ 104
구원을 위해	_ 108
하나님 순종을 위해	_ 114
미래를 위해	_ 120

아내의 남편 Her Husband

주님, 제 안에 정한 마음을 창조하시고 제 안에 정직한 영을 새롭게 하소서. 시51:10 아내를 향한 저 자신의 생각과 태도 가운데 주님이 원치 않으시는 것을 알게 해주소서. 제가 용서하는 마음을 갖지 않을 때 꾸짖어 주시고, 분노를 버리게 도와주셔서 생각에 혼돈이 일어나지 않게 해주소서.

만일 저의 태도에 변해야 할 것이 있다면, 변화시킬 수 있는 힘을 허락해 주소서. 주님께서 무엇을 드러내시든지 저의 죄를 고백하겠습니다. 저를 주님의 마음에 합한 사람이 되게 하소서. 주님이 원하시는 가장이 되어 주님이 원하시는 가정을 만들게 하소서.

이러므로 너희 죄를 서로 고하며
병 낫기를 위하여 서로 기도하라
의인의 간구는 역사하는 힘이 많으니라.

약 5:16

분을 그치고 노를 버리라 불평하여 말라
행악에 치우칠 뿐이라.

시 37:8

그러나 주 안에는 남자 없이 여자만 있지 않고
여자 없이 남자만 있지 아니하니라.

고전 11:11

_____

_____

_____

아내의 남편 Her Husband

주님, 제가 어떻게 기도로 아내를 도울 수 있는지 알게 해주시기 원합니다. 지식을 따라 아내와 동거하게 하시고, 아내를 귀히 여김으로써 기도가 막히지 않게 해주소서.벧전 3:7 저희 부부가 서로를 사랑하게 하소서.

저희 부부 사이를 벌어지게 만든 모든 상처를 치유해 주소서. 제가 인내와 이해심과 동정심을 갖게 하시고, 성경이 말씀하고 있는 대로 아내를 위로하고 사랑하며 존중할 수 있게 하소서.벧전 3:8 주님의 사랑을 본받아 아내를 사랑할 수 있게 해주소서.

이와 같이 남편들도
자기 아내 사랑하기를 제 몸같이 할지니
자기 아내를 사랑하는 자는 자기를 사랑하는 것이라
누구든지 언제든지 제 육체를 미워하지 않고
오직 양육하여 보호하기를
그리스도께서 교회를 보양함과 같이 하나니.

엡 5:28 – 29

사람이 귀를 돌이키고 율법을 듣지 아니하면
그의 기도도 가증하니라.

잠 28:9

이제 인내와 안위의 하나님이 너희로
그리스도 예수를 본받아 서로 뜻이 같게 하여 주사.

롬 15:5

아내의 남편 Her Husband

주님, 아내와 제가 새롭게 하나가 될 수 있도록 도와주시기를 기도합니다. 바라옵건대, 서로 같은 마음을 갖게 하소서. 그렇게 하기 위해 제가 할 수 있는 일이 무엇인지 알게 하소서.

상처를 주기보다는 치유할 수 있는 말을 하게 하시고, 제 마음에 주님의 사랑이 가득하게 하셔서 말을 할 때마다 파괴적인 말보다는 건설적인 말을 하게 하소서. 주님이 원하시는 삶을 살지 않을 때는 저를 꾸짖어 주소서. 주님이 원하시는 사람, 남편, 영적인 지도자가 되게 해주시기 소원합니다.

이러므로 사람이 부모를 떠나
그 아내와 합하여 그 둘이 한 육체가 될지니……
그러나 너희도 각각 자기의 아내 사랑하기를
자기같이 하고 아내도 그 남편을 경외하라.

엡 5:31, 33

남편 된 자들아
이와 같이 지식을 따라 너희 아내와 동거하고
저는 더 연약한 그릇이요 또 생명의 은혜를
유업으로 함께 받을 자로 알아 귀히 여기라
이는 너희 기도가 막히지 아니하게 하려 함이라
마지막으로 말하노니
너희가 다 마음을 같이하여 체휼하며
형제를 사랑하며 불쌍히 여기며 겸손하며.

벧전 3:7-8

_____

_____

_____

아내의 영혼 Her Spirit

주님, 아내가 주님을 전보다 더욱 많이, 그리고 깊이 앎으로써 만족을 얻게 해주소서. 아내가 의심하거나 흔들리지 않고 확고한 신앙으로 날마다 주님과 동행할 수 있기를 원합니다. 아내의 심령이 강해지게 하시고, 날마다 신앙이 자라게 하시며, 항상 주님이 기도에 응답해 주신다는 사실을 믿게 해주소서.

아내가 날마다 주님의 말씀을 읽고 기도와 찬양을 드릴 수 있는 시간을 가질 수 있게 하소서. 주님의 말씀이 아내에게 충만히 거함으로써 아내가 기도할 때마다 그 원하는 바가 이루어지게 하소서.

너희가 내 안에 거하고 내 말이 너희 안에 거하면
무엇이든지 원하는 대로 구하라 그리하면 이루리라.

요 15:7

가라사대 너희 믿음이 적은 연고니라
진실로 너희에게 이르노니
너희가 만일 믿음이 한 겨자씨만큼만 있으면
이 산을 명하여 여기서 저기로 옮기라 하여도
옮길 것이요 또 너희가 못할 것이 없으리라.

마 17:20

이 예언의 말씀을 읽는 자와 듣는 자들과
그 가운데 기록한 것을 지키는 자들이 복이 있나니
때가 가까움이라.

계 1:3

아내의 영혼 Her Spirit

주님, 저도 아내를 사랑하지만, 주님은 저보다 더욱 그녀를 사랑하시는 줄 압니다. 저는 아내의 필요와 기대를 모두 충족시켜 줄 수 없지만 주님은 하실 수 있습니다. 주님께 대한 아내의 지식이 성장할 수 있게 하소서. 아내가 무슨 일을 할 때마다 먼저 주님께 기도하게 하시고, 항상 동행해 주시기를 바랍니다. 그녀에게 분별력과 깨달음을 주셔서, 주님의 음성을 들을 수 있게 하소서. 주위에서 아무리 큰 광풍이 불더라도 오직 주님만을 바라봄으로써 주님의 길에서 벗어나지 않게 해주소서. 저로 하여금 아내에게 성령 충만이 필요한 때를 알게 하시어, 그녀를 위해 기도할 수 있는 마음을 갖게 하소서.

내가 주는 물을 먹는 자는
영원히 목마르지 아니하리니
나의 주는 물은
그 속에서 영생하도록 솟아나는 샘물이 되리라.

요 4:14

의에 주리고 목마른 자는 복이 있나니
저희가 배부를 것임이요.

마 5:6

근신하라 깨어라
너희 대적 마귀가 우는 사자같이 두루 다니며
삼킬 자를 찾나니.

벧전 5:8

_____

_____

아내의 영혼 Her Spirit

주님, 늘 성령 충만한 아내가 되어 사람들이 그녀가 있는 곳에서 곧 성령의 임재를 느낄 수 있게 하소서. 아내는 주님을 섬기기 원하고 있습니다. 아내가 하는 모든 일을 통해 주님께 영광이 돌려지기를 원합니다. 아내가 하는 모든 일에 주님이 함께하셔서, 강한 하나님의 사람이 되게 하소서.

그녀가 주님의 뜻을 알고, 그 길에서 벗어나지 않게 하소서. 아내가 자신의 지혜를 의지하지 않고, 온 마음으로 주님을 신뢰하게 하소서. 범사에 주님을 인정할 수 있는 아내가 되기를 소원합니다. 잠 3:5-6

성령이 친히 우리 영으로 더불어
우리가 하나님의 자녀인 것을
증거하시나니.

롬 8:16

그 성호를 자랑하라
무릇 여호와를 구하는 자는 마음이 즐거울지로다.

시 105:3

오직 하나님이 성령으로 이것을 우리에게 보이셨으니
성령은 모든 것 곧 하나님의 깊은 것이라도
통달하시느니라.

고전 2:10

_____

_____

_____

아내의 감정 Her Emotions

주님, 제게 생각이 깊고 감정이 풍부한 아내를 주셔서 감사합니다. 아내의 감정과 생각은 선한 일을 위해 주어진 것인 줄 압니다. 하지만 때로 원수 마귀가 아내의 감정과 생각을 악을 위해 이용할 수도 있습니다. 제가 마귀의 움직임을 감지해 늘 기도할 수 있도록 해주시기 원합니다.

아내를 거짓의 아비인 마귀로부터 보호하시고, "하나님 아는 것을 대적하여 높아진 것을 다 파하고 모든 생각을 사로잡아 그리스도에게 복종케" 고후 10:5 하도록 도우소서.

무릇 지킬 만한 것보다
더욱 네 마음을 지키라
생명의 근원이 이에서 남이니라.

잠 4:23

사람의 심령은 그 병을 능히 이기려니와
심령이 상하면 그것을 누가 일으키겠느냐.

잠 18:14

주께서 저희를 주의 은밀한 곳에 숨기사
사람의 꾀에서 벗어나게 하시고
비밀히 장막에 감추사
구설의 다툼에서 면하게 하시리이다.

시 31:20

_____

_____

아내의 감정 Her Emotions

주님, 아내에게 분별력을 주시어 자신이 무슨 생각을 하는지 알게 하시고, 그녀 자신과 그녀의 삶과 미래에 대한 마귀의 거짓말에 속지 않도록 도와주시기를 소원합니다. 아내가 자신의 마음에서 어떤 싸움이 일어나고 있는지 알게 하셔서 마귀의 계략에 넘어가지 않도록 하소서. 주님을 굳게 붙들고, 성령의 검, 곧 하나님의 말씀엡 6:17에 의지하여 마귀와 맞서 싸울 수 있게 하소서.

제가 어려운 싸움을 하고 있는 아내의 형편을 잘 헤아려 그녀의 마음과 생각과 감정에 관해 솔직한 대화를 할 수 있게 해주소서. 바라옵건대, 저희 부부의 대화가 서로 막힘이 없게 하셔서, 오해와 혼란을 불러일으킬 수 있는 틈을 마귀에게 주지 않도록 하소서.

너희는 이 세대를 본받지 말고
오직 마음을 새롭게 함으로 변화를 받아
하나님의 선하시고 기뻐하시고 온전하신 뜻이
무엇인지 분별하도록 하라.

롬 12:2

육신의 생각은 사망이요
영의 생각은 생명과 평안이니라.

롬 8:6

구원의 투구와 성령의 검
곧 하나님의 말씀을 가지라.

엡 6:17

아내의 감정 Her Emotions

주님, 아내를 이해하지 못함으로 인해 부적절한 반응을 보이거나, 감정적으로 도피하지 않게 해주소서. 제게 인내심과 아내를 잘 이해할 수 있는 민감한 마음을 주시기 바랍니다. 원컨대, 아내가 감정을 드러낼 때 무엇보다도 제게 기도할 수 있는 마음을 허락해 주소서. 저는 아내의 모든 감정적인 욕구를 해결할 수 없습니다. 하지만 주님은 하실 수 있습니다. 이렇게 기도한다고 해서 아내의 필요를 채워줘야 할 책임을 회피하겠다는 뜻은 아닙니다. 하지만 궁극적으로 아내의 필요를 채워주실 수 있는 분은 하나님밖에는 없습니다. 주님께서 아내의 마음에 평화와 기쁨으로 채워주시길 기도합니다.

여호와께서 그 종들의 영혼을 구속하시나니
저에게 피하는 자는
다 죄를 받지 아니하리로다.

시 34:22

내 영혼을 소생시키시고
자기 이름을 위하여 의의 길로 인도하시는도다.

시 23:3

상심한 자를 고치시며
저희 상처를 싸매시는도다.

시 147:3

아내의 감정 Her Emotions

주님, 부정적인 감정이 아내의 행복을 위협할 때, 그녀가 먼저 주님을 찾게 하소서. 이는 주님만이 아내를 구원하실 수 있기 때문입니다. 아내가 "주의 은밀한 곳"시 31:20에 숨을 수 있도록 도우소서.

주님, 아내의 영혼을 소생시키시고시 23:3, 그녀의 깨어진 마음을 치유하시고, 상처를 싸매 주소서.시 147:3 주님과 남편의 사랑 안에서 안심하게 해주소서. 모든 두려움과 의심과 절망을 거두어 가시고, 기쁨과 평화와 맑은 정신을 아내에게 허락해 주시기 바랍니다. 아내가 주님의 전능하신 이름을 찾는 데에 빠르게 하소서.

여호와의 이름은 견고한 망대라
의인은 그리로 달려가서
안전함을 얻느니라.

잠 18:10

너희의 인내로 너희 영혼을 얻으리라.

눅 21:19

나 여호와가 너를 항상 인도하여
마른 곳에서도 네 영혼을 만족케 하며
네 뼈를 견고케 하리니
너는 물 댄 동산 같겠고
물이 끊어지지 아니하는 샘 같을 것이라.

사 58:11

_____

_____

_____

아내의 모성 Her Motherhood

주님, 아내가 좋은 어머니가 될 수 있도록 해주소서. 아내에게 힘을 주시고, "능력 주시는 자 안에서 모든 것을 할 수 있다"빌 4:13는 사실을 확신케 해주소서. 아내가 부드럽고 자상한 성품을 갖게 하시고, 인내와 분별력을 지니게 하소서. 파괴적인 말 대신에 건설적인 말, 곧 파괴보다는 생명을 가져다 줄 수 있는 말을 할 수 있도록 아내의 입술을 지켜 주소서. 자녀에 대한 결정을 내릴 때 그녀를 인도해 주소서.

주님 앞에 아이에 대한 문제를 내려놓습니다.(이때 아이에 대해 당신이 가지고 있는 문제를 언급한다.) 주님께서 우리로 최상의 부모가 되도록 도우심을 믿습니다.

그 자식들은 일어나 사례하며
그 남편은 칭찬하기를.

잠 31:28

그런즉 가만히 섰으라
여호와께서 너희와 너희 열조에게 행하신
모든 의로운 일에 대하여
내가 여호와 앞에서 너희와 담론하리라.

삼상 12:7

내가 네게 명하는 이 모든 말을 너는 듣고 지키라
네 하나님 여호와의 목전에 선과 의를 행하면
너와 네 후손에게 영영히 복이 있으리라.

신 12:28

아내의 모성 Her Motherhood

주님, 주님의 도움이 없이는 아이들을 제대로 키울 수가 없습니다. 자녀를 키우는 어려운 짐을 가볍게 해주시고, 저희와 하나가 되어 양육해 주소서. 아내와 제게 자녀를 가르치고, 훈련하고, 징계하고, 돌볼 수 있는 인내와 힘과 지혜를 허락하소서. 아이들의 필요를 이해하고, 그것을 만족시켜 줄 수 있는 방법을 알게 해주소서.

아이들이 텔레비전, 책, 영화, 비디오게임, 잡지, 컴퓨터 등을 통해 혹시 나쁜 영향을 받지는 않는지 분별할 수 있게 하시고, 저희가 마땅히 알아야 할 것을 알 수 있는 능력과 깨달음을 허락해 주소서.

밤 초경에 일어나 부르짖을지어다
네 마음을 주의 얼굴 앞에 물 쏟듯 할지어다
각 길 머리에서 주려 혼미한
네 어린 자녀의 생명을 위하여
주를 향하여 손을 들지어다 하였도다.

애 2:19

자식은 여호와의 주신 기업이요
태의 열매는 그의 상급이로다.

시 127:3

마땅히 행할 길을 아이에게 가르치라
그리하면 늙어도 그것을 떠나지 아니하리라.

잠 22:6

아내의 모성 Her Motherhood

주님, 저희 자녀가 어떤 소질과 잠재력을 가지고 있는지 주님의 눈으로 저와 제 아내로 보게 하소서. 또한 지나치게 과잉 보호를 하지 않게 해주시고, 그렇다고 너무 일찍 세파로 몰아넣지도 말게 하소서.

저희 아이들에게 총명함과 힘과 재능과 지혜와 경건한 신앙을 허락해 주시기를 간절히 구합니다. 저희 아이들을 사고와 질병과 악과 원수 마귀의 궤계로부터 지켜 주소서. 또한 저희 아이가 부모에게 순종하고, 주님과 주님의 말씀에 복종할 수 있도록 해주소서.

그리고 아내가 늘 어머니로서 만족과 행복을 느낄 수 있게 하시고, 항상 주님 앞에서 자신의 위치와 역할을 다하게 하소서.

그들의 수고가 헛되지 않겠고
그들의 생산한 것이 재난에 걸리지 아니하리니
그들은 여호와의 복된 자의 자손이요
그 소생도 그들과 함께 될 것임이라.

사 65:23

너희가 악한 자라도
좋은 것으로 자식에게 줄 줄 알거든
하물며 하늘에 계신 너희 아버지께서
구하는 자에게 좋은 것으로 주시지 않겠느냐.

마 7:11

또 아비들아 너희 자녀를 노엽게 하지 말고
오직 주의 교양과 훈계로 양육하라.

엡 6:4

아내의 기분 Her Moods

주님, 아내를 위해 기도합니다. 아내의 마음을 차분히 달래주시고, 오늘 그 영혼이 평화를 누리게 하소서. 거짓말로 아내를 올무에 빠지게 하려는 원수 마귀의 목소리에 귀를 기울이지 않게 하시고, 모든 생각을 사로잡아 그리스도께 복종케 함으로써 흔들리지 않게 해주소서. 고후 10:5

아내의 생각에 잘못이 있다면, 깨닫게 해주시고 다시 바른 생각을 하게 하소서. 아내가 주님의 음성만을 듣게 하시고, 성령 충만하여 주님께 속하지 않은 것은 무엇이라도 내버릴 수 있게 하소서.

내가 하나님 여호와의 하실 말씀을 들으리니
대저 그 백성, 그 성도에게
화평을 말씀하실 것이라
저희는 다시 망령된 데로 돌아가지 말지로다.

시 85:8

또한 네가 청년의 정욕을 피하고
주를 깨끗한 마음으로 부르는 자들과 함께
의와 믿음과 사랑과 화평을 좇으라.

딤후 2:22

모든 이론을 파하며
하나님 아는 것을 대적하여 높아진 것을 다 파하고
모든 생각을 사로잡아 그리스도에게 복종케 하니.

고후 10:5

아내의 기분 Her Moods

주님, 아내가 항상 쾌적한 몸상태를 유지함으로써 감정에 심한 기복이 없게 하시고, 마음의 평화를 잃지 않고 주변에서 일어나는 모든 상황을 다스리게 하소서. 주님의 관점으로 사물을 볼 수 있는 눈을 주셔서 자신이 가진 모든 좋은 것들을 발견할 수 있게 해주시기를 원합니다.

두려움이나 의심으로 눈이 어두워지지 않도록 해주시고, 더 큰 소망을 갖게 하시며, 가치 있는 것과 가치 없는 것을 구별할 수 있는 분별력을 주소서.

주께서 심지가 견고한 자를 평강에 평강으로 지키시리니
이는 그가 주를 의뢰함이니이다.

사 26:3

여호와께서 이같이 말씀하시되
보라 내가 그에게 평강을 강같이,
그에게 열방의 영광을 넘치는 시내같이 주리니
너희가 그 젖을 빨 것이며
너희가 옆에 안기며 그 무릎에서 놀 것이라.

사 66:12

그 노염은 잠간이요 그 은총은 평생이로다
저녁에는 울음이 기숙할지라도
아침에는 기쁨이 오리로다.

시 30:5

아내의 기분 Her Moods

주님, 주님께서 자신의 기도에 항상 귀를 기울이고 계신다는 것을 알 수 있게 하소서. 저는 아내를 사랑합니다. 이 사실을 아내에게 확신시킬 수 있는 방법을 가르쳐 주시고, 또한 그 사랑을 아내가 느낄 수 있도록 표현할 줄 알게 하소서.

주님, "화평 중에서 저희를 부르셨다" 고전 7:15 는 사실을 잘 알고 있습니다. 저희 부부가 주님의 부르심을 듣게 하시고, 모든 지각에 뛰어난 주님의 평화를 누리게 하소서. "그리스도의 평강"이 저희 마음을 주장하기를 원하며, 또 "감사하는 자"가 되기를 바랍니다. 골 3:15

그리하면 모든 지각에 뛰어난
하나님의 평강이
그리스도 예수 안에서
너희 마음과 생각을 지키시리라.

빌 4:7

여호와여 내 마음이 교만치 아니하고
내 눈이 높지 아니하오며
내가 큰 일과 미치지 못할 기이한 일을
힘쓰지 아니하나이다
실로 내가 내 심령으로 고요하고 평온케 하기를
젖뗀 아이가 그 어미 품에 있음 같게 하였나니
내 중심이 젖뗀 아이와 같도다.

시 131:1 – 2

아내의 결혼 생활 Her Marriage

주님, 아내와 저를 끊어질 수 없는 사랑의 줄로 매어 주시기를 기도합니다. 아내를 더욱더 사랑할 수 있도록 해주시고, 아내가 그런 제 사랑을 분명히 느낄 수 있게 해주소서. 서로를 아끼고 존중하는 마음을 갖게 하시고, 가장 귀한 친구로서 서로에게 든든한 버팀목이 될 수 있게 하소서.

서로에게 준 상처와 실망으로 인해 저희의 사랑이 흔들리거나 사라지거나 파괴될 때는 다시금 저희 마음에 사랑을 회복시켜 주소서. 저희 가운데 한 사람이 사랑을 느끼지 못하는 순간에도 결혼 생활의 좋은 점만을 바라볼 수 있는 긍정적인 마음을 허락해 주시기 원합니다.

내 계명은 곧 내가 너희를 사랑한 것같이
너희도 서로 사랑하라 하는 이것이니라.

요 15:12

두 사람이 한 사람보다 나음은
저희가 수고함으로 좋은 상을 얻을 것임이라
혹시 저희가 넘어지면
하나가 그 동무를 붙들어 일으키려니와
홀로 있어 넘어지고
붙들어 일으킬 자가 없는 자에게는 화가 있으리라.

전 4:9-10

누구든지 자기의 유익을 구치 말고
남의 유익을 구하라.

고전 10:24

아내의 결혼 생활 Her Marriage

주님, 혹시 용서해야 할 일이 있거든 신속히, 또한 온전히 서로를 용서할 수 있게 하소서. (특별히 이 부분에서는 서로 용서해야 할 필요가 있는 문제를 구체적으로 언급하며 기도한다.) 저희가 "서로 인자하게 하며 불쌍히 여기며 서로 용서할 수 있게" 하소서. 엡 4:32 늘 즐거운 얼굴로 서로를 대하며 삶의 어려운 문제들을 헤쳐나갈 수 있게 하소서.

저희가 동일한 믿음과 생각과 도덕적 가치관을 갖게 하시고, 서로를 신뢰할 수 있게 해주시기 바랍니다. 같은 마음을 가지고 조화를 이루게 하시고, 경제 문제나 자녀 문제, 시간을 사용하는 문제를 비롯해 삶에서 야기되는 여러 가지 문제를 결정할 때마다 의견이 일치할 수 있게 해주소서.

그러므로 너희는 하나님의 택하신
거룩하고 사랑하신 자처럼
긍휼과 자비와 겸손과 온유와 오래참음을 옷입고
누가 뉘게 혐의가 있거든
서로 용납하여 피차 용서하되
주께서 너희를 용서하신 것과 같이
너희도 그리하고.

골 3:12-13

진실로 다시 너희에게 이르노니
너희 중에 두 사람이 땅에서 합심하여
무엇이든지 구하면 하늘에 계신 내 아버지께서
저희를 위하여 이루게 하시리라.

마 18:19

아내의 결혼 생활 Her Marriage

주님, 혹시 서로 의견이 달라서 다툼이 일어나거든 서로 일치에 이를 수 있도록 도와주소서. 저희의 생각을 주님의 생각에 일치시킬 수 있게 하시고, 서로 솔직하고 정직한 대화를 나눔으로써 오해가 생기지 않게 하소서.

상대의 잘못에 너그럽게 하시고, 기꺼이 자신의 잘못을 고칠 수 있는 부부가 되게 하소서. 서로 별개의 삶을 살지 않고 인생의 동반자로서 모든 일을 함께 하게 하소서. 서로를 위한 시간을 갖게 하심으로써 저희의 결혼 생활에 행복과 평화와 기쁨을 갖게 해주시기를 원합니다.

형제가 연합하여 동거함이
어찌 그리 선하고 아름다운고.

시 133:1

이르시되 누구든지 그 아내를 내어 버리고
다른 데 장가 드는 자는
본처에게 간음을 행함이요.

막 10:11

그리스도의 평강이 너희 마음을 주장하게 하라
평강을 위하여 너희가 한 몸으로 부르심을 받았나니
또한 너희는 감사하는 자가 되라.

골 3:15

아내의 결혼 생활   Her Marriage

주님, 결혼 생활을 파괴하는 것들로부터 저희 부부를 지켜 주소서. 저희 사이에 제3자가 끼어 들지 못하게 해주소서. 유혹에 빠지지 않게 하소서. 유혹이 올 때는 즉시 그것을 물리칠 수 있는 힘을 주시기 바랍니다.

과거나 현재의 그 어떤 관계도 저희 부부의 관계를 허물어뜨리지 못하게 해주소서. 아내나 저나 부정한 관계가 없게 해주시고, 간음이나 이혼으로 인해 주님이 하나로 맺어 주신 저희 부부 관계가 파괴되지 않도록 도와주소서.

여호와는 영이 유여하실지라도
오직 하나를 짓지 아니하셨느냐
어찌하여 하나만 지으셨느냐
이는 경건한 자손을 얻고자 하심이니라
그러므로 네 심령을 삼가 지켜 어려서 취한 아내에게
궤사를 행치 말지니라.

말 2:15

자기가 시험을 받아 고난을 당하셨은즉
시험받는 자들을 능히 도우시느니라.

히 2:18

형제를 사랑하여 서로 우애하고
존경하기를 서로 먼저 하며.

롬 12:10

아내의 남편 순종 Her Submission

주님, 주님께 순종합니다. 제가 가정을 이끌듯이, 주님은 저를 이끌어 주소서. 결정을 내릴 때는 주님의 말씀과 인도하심을 따르게 하소서. 제게 주신 권위를 주님께 바칩니다. 주님이 저를 인도하신다는 사실을 아내가 신뢰할 수 있게 하소서. 주님이 아내와 제게 어떤 순종을 원하시는지 깨닫게 하시고, 제가 주님이 원하시는 가장이 될 수 있게 하소서.

제 삶을 주장해 주심으로써 성령이 저를 통해 일하신다는 사실을 아내가 믿을 수 있게 하소서.

남편들아 아내 사랑하기를
그리스도께서 교회를 사랑하시고
위하여 자신을 주심같이 하라
이는 곧 물로 씻어 말씀으로 깨끗하게 하사
거룩하게 하시고
자기 앞에 영광스러운 교회로 세우사
티나 주름잡힌 것이나 이런 것들이 없이
거룩하고 흠이 없게 하려 하심이니라.

엡 5:25-27

서로 마음을 같이하며
높은 데 마음을 두지 말고
도리어 낮은 데 처하며
<u>스스로</u> 지혜 있는 체 말라.

롬 12:16

아내의 남편 순종 Her Submission

주님, 서로 의견이 다른 문제가 있을 때는 갈등 없이 해결될 수 있도록 도우소서. 주님이 저를 사랑하시듯 아내를 사랑하게 하시고, 그로 인해 아내의 존경과 사랑을 받을 수 있게 해주소서. 아내에게 순종하는 마음과 남편을 가정의 영적인 지도자로 여기는 믿음을 갖게 하소서.

저희 부부가 "그리스도를 경외함으로 피차 복종할 수 있게"엡 5:21 해주시기 원합니다. 오직 주님만이 균형을 잃지 않는 부부 관계를 유지하게 하실 수 있다고 믿습니다.

만일 그들이 청종하여 섬기면
형통히 날을 보내며 즐거이 해를 지낼 것이요.

욥 36:11

자기 목숨을 얻는 자는 잃을 것이요
나를 위하여 자기 목숨을 잃는 자는 얻으리라.

마 10:39

너희가 즐겨 순종하면
땅의 아름다운 소산을 먹을 것이요.

사 1:19

예수께서 가라사대 오히려 하나님의 말씀을 듣고
지키는 자가 복이 있느니라 하시니라.

눅 11:28

아내의 인간 관계 Her Relationships

주님, 아내가 믿음의 여성들과 건강하고 선한 관계를 맺을 수 있게 해주소서. 아내에게 힘이 되고, 그녀를 위해 기도해 줄 수 있는 친구들이 많게 하소서.

아울러 모든 가족들이 좋은 관계를 맺을 수 있게 해주소서. 가족들 각자가 서로를 사랑하고 기꺼이 받아들일 수 있게 하소서. 무엇보다 아내가 불편해 하는 시집 식구들과의 관계를 해결해 주소서. 문제를 해결하기 위해 제가 어떤 태도를 취해야 할지도 알려주소서. 특히 사이가 좋지 못한 시집 식구와의 관계가 개선될 수 있도록 해주소서. (구체적으로 친구나 가족의 이름을 호명해 기도한다.) 그 깨어진 관계를 회복하고 치유해 주소서.

의인은 그 이웃의 인도자가 되나
악인의 소행은
자기를 미혹하게 하느니라.

잠 12:26

너희는 모든 악독과 노함과 분냄과 떠드는 것과
훼방하는 것을 모든 악의와 함께 버리고
서로 인자하게 하며 불쌍히 여기며
서로 용서하기를 하나님이 그리스도 안에서
너희를 용서하심과 같이 하라.

엡 4:31-32

많은 친구를 얻는 자는 해를 당하게 되거니와
어떤 친구는 형제보다 친밀하니라.

잠 18:24

아내의 인간 관계 Her Relationships

주님, 아내가 항상 용서하는 사람이 되게 하소서. 용서하는 마음을 가질 때 본인 스스로가 자유롭게 된다는 사실을 알게 하소서. 만일 아내가 스스로에게 용서하는 마음이 없다는 사실을 모르고 있다면, 그 사실을 깨닫게 해주셔서 주님 앞에 자신의 굳어진 마음을 고백하고 자유를 얻게 하소서.

특히 저희 부부 사이에 서로 용서하지 못하는 마음이 없게 하시고, 서로 용서해야 할 일이 있다면 그 즉시 서로를 용서하게 하소서. 주님만이 모든 상황을 정확히 판단하실 수 있사오니, 저희 스스로 판단하는 잘못을 범하지 않게 하소서. 아내로 하여금 가족과 친구와 동료들 사이에 빛이 되게 하시고, 그녀의 모든 관계를 통해 주님이 영광을 받아주소서.

서서 기도할 때에 아무에게나 혐의가 있거든 용서하라
그리하여야 하늘에 계신 너희 아버지도
너희 허물을 사하여 주시리라.

막 11:25

비판치 말라 그리하면 너희가 비판을 받지 않을 것이요
정죄하지 말라
그리하면 너희가 정죄를 받지 않을 것이요
용서하라 그리하면 너희가 용서를 받을 것이요.

눅 6:37

너희는 믿지 않는 자와 멍에를 같이하지 말라
의와 불법이 어찌 함께하며
빛과 어두움이 어찌 사귀며.

고후 6:14

아내의 우선 순위 Her Priorities

주님, 아내가 모든 일에 항상 주님을 먼저 구하게 하시고, 일과를 시작하기 전에 주님과 함께하는 시간을 갖게 하소서. 자신의 시간을 효과적으로 쪼개어 선용할 수 있는 지혜를 갖게 하시고, 어떤 일을 먼저 처리하고, 어떤 일에 우선적인 관심을 기울여야 할지를 알게 해주소서. 그리하여 해야 할 모든 역할을 훌륭히 수행할 수 있는 아내가 되게 하소서.

아내는 어머니로서의 역할도 해야 하고, 집안 일도 꾸려나가야 하고, 직장 생활도 해야 하고, 교회와 사회를 위해 봉사 활동도 해야 하는 등 할 일이 많습니다. 또한 자신을 위한 시간도 필요합니다. 이런 일들을 균형 있게 해나감으로써 지치지 않고 활력 있는 삶을 살 수 있게 해주소서.

천하에 범사가 기한이 있고
모든 목적이 이룰 때가 있나니.

전 3:1

여호와께서 집을 세우지 아니하시면
세우는 자의 수고가 헛되며
여호와께서 성을 지키지 아니하시면
파숫군의 경성함이 허사로다.

시 127:1

사람이 만일 온 천하를 얻고도
제 목숨을 잃으면 무엇이 유익하리요
사람이 무엇을 주고
제 목숨을 바꾸겠느냐.

마 16:26

아내의 우선순위 Her Priorities

주님, 아내가 때로 균형을 잃게 되더라도 죄책감에 시달리지 말게 해주시기 원합니다. 또한 다른 일들을 소홀히 하지 않으면서도 남편을 위한 시간을 낼 수 있게 하시고, 해야 할 일을 능히 처리할 수 있는 힘과 능력을 주소서. 그리고 일을 해나가는 과정에서 늘 만족을 얻게 하소서.

날마다 직면하는 어려운 문제들을 잘 처리해 갈 수 있도록 아내에게 은총을 주시고, 자신의 능력을 벗어나는 일을 하지 않을 수 있는 지혜를 허락하소서. 아내에게 일의 우선 순위를 바르게 결정할 수 있도록 가르치시고, 모든 일들을 균형 있게 처리해 갈 수 있게 해주시기를 소원합니다.

너희는 먼저
그의 나라와 그의 의를 구하라
그리하면 이 모든 것을
너희에게 더하시리라.

마 6:33

또 무엇을 하든지 말에나 일에나
다 주 예수의 이름으로 하고
그를 힘입어 하나님 아버지께 감사하라.

골 3:17

지혜가 너로 선한 자의 길로 행하게 하며
또 의인의 길을 지키게 하리니.

잠 2:20

아내의 우선순위 Her Priorities

주님, 아내가 집안을 평화로운 안식처로 꾸밀 수 있도록 도와주소서. 부자로 살든 가난하게 살든, 우리 가정을 기쁨이 넘치는 아름다운 피난처로 변화시켜 나갈 수 있는 지혜와 능력과 비전과 힘을 아내에게 허락해 주소서. 제게 아내를 돕고 격려할 수 있는 방법을 깨닫게 해주소서.

성령이여, 저희 가족이 평화와 진리와 사랑 안에서 서로 하나가 되게 해주소서. 지혜로 저희 가정이 건축되게 하시고, 명철로 인해 견고해지게 하소서. 저희 가정에 주님을 영화롭게 하지 못하는 것이 있다면 깨달아 고칠 수 있게 하소서. "오직 나와 내 집은 여호와를 섬기겠노라"수24:15고 한 여호수아를 본받게 하소서.

그 집안 일을 보살피고
게을리 얻은 양식을 먹지 아니하나니.

잠 31:27

그 마음에는 하나님의 법이 있으니
그 걸음에 실족함이 없으리로다.

시 37:31

대저 여호와는 지혜를 주시며
지식과 명철을 그 입에서 내심이며
그는 정직한 자를 위하여 완전한 지혜를 예비하시며
행실이 온전한 자에게 방패가 되시나니.

잠 2:6-7

아내의 아름다움 Her Beauty

주님, 아내가 "온유하고 안정한 심령의 썩지 않을 아름다움"벧전 3:4을 지녀 하나님 앞에서 귀한 존재가 될 수 있게 하소서. 주님이 아내에게 주신 아름다움을 깨달을 수 있도록 해주소서.

모든 면에서 아름다운 아내가 되게 하시고, 모든 사람들이 아내를 통해 주님의 아름다우심을 발견할 수 있기를 소원합니다. 주님과 함께함이 가장 아름다워질 수 있는 도구라는 것을 아내로 알게 하소서. 아내가 스스로를 아름답다고 느낄 수 있도록 제가 옆에서 말로 항상 격려해 줄 수 있도록 해주시기 원합니다.

내가 여호와께 청하였던 한 가지 일 곧 그것을 구하리니
곧 나로 내 생전에 여호와의 집에 거하여
여호와의 아름다움을 앙망하며
그 전에서 사모하게 하실 것이라.

시 27:4

너희 단장은 머리를 꾸미고 금을 차고 아름다운
옷을 입는 외모로 하지 말고 오직 마음에 숨은 사람을
온유하고 안정한 심령의 썩지 아니할 것으로 하라
이는 하나님 앞에 값진 것이니라.

벧전 3:3-4

여호와의 이름에 합당한 영광을 돌리며
거룩한 옷을 입고 여호와께 경배할지어다.

시 29:2

아내의 아름다움 Her Beauty

주님, 과거에 아내가 주변으로부터 매력적이지 못하다는 말을 듣고 자랐다면, 그러한 거짓말을 더 이상 믿지 말고 주님의 진리를 깨달음으로써 주님이 주신 본래의 아름다움을 발견하게 하소서. 자신의 가치를 외모가 아니라 주님의 말씀에 두게 해주시기 원합니다. 주님의 관점으로 자신을 볼 수 있는 지혜를 아내에게 허락해 주시고, 주님께 있어서나 남편인 제게 있어서나 자신이 귀한 존재임을 알게 하소서.

아내가 자신을 잘 가꾸어 갈 수 있도록 해주소서. 옷이나 장신구를 지혜롭게 사용해 자신의 아름다움을 최대한 드러낼 수 있게 하시고, 그 아름다움으로 하나님께 영광 돌리게 하소서.

그리하면 왕이 너의 아름다움을 사모하실지라
저는 너의 주시니
너는 저를 경배할지어다.

시 45:11

고운 것도 거짓되고 아름다운 것도 헛되나
오직 여호와를 경외하는 여자는 칭찬을 받을 것이라.

잠 31:30

하나님이 모든 것을 지으시되
때를 따라 아름답게 하셨고
또 사람에게 영원을 사모하는 마음을 주셨느니라
그러나 하나님의 하시는 일의 시종을
사람으로 측량할 수 없게 하셨도다.

전 3:11

―――――――――――――――――――――――――

―――――――――――――――――――――――――

―――――――――――――――――――――――――

아내의 성 Her Sexuality

주님, 오늘 아내를 축복해 주시고, 특히 저희 부부의 결혼과 성생활을 축복해 주소서. 아내를 대할 때 이기적이지 않게 하시고, 이해하는 마음을 갖게 하소서. 아내도 역시 저를 대할 때 이기적이지 않게 하시고, 이해하는 마음을 갖게 해주시기 바랍니다. 서로를 늘 애정으로 대함으로써 낭만을 잃지 않게 하시고, 서로를 요구하는 마음이 한결같게 하소서.

저희 둘 다 서로에 대해 조금도 부족함이 없는 사랑을 지니게 하시고, 날마다 애정 어린 손길로 서로를 어루만져 줄 수 있게 하소서. 저희 부부가 서로 원해서 하는 성생활이 되게 하소서.

음행의 연고로 남자마다 자기 아내를 두고
여자마다 자기 남편을 두라
남편은 그 아내에게 대한 의무를 다하고
아내도 그 남편에게 그렇게 할지라.

고전 7:2-3

음행을 피하라
사람이 범하는 죄마다 몸 밖에 있거니와
음행하는 자는 자기 몸에게 죄를 범하느니라.

고전 6:18

사랑하는 자들아 우리가 서로 사랑하자
사랑은 하나님께 속한 것이니
사랑하는 자마다 하나님께로 나서 하나님을 알고.

요일 4:7

아내의 성 Her Sexuality

주님, 혹시 아내에게 상처를 주었다면 깨닫게 하시고, 즉시 잘못을 고백하고 아내의 용서를 받게 하소서. 살다보면 서로 다툴 때도 있고, 의사소통이 제대로 이루어지지 않을 때가 적지 않습니다. 하지만 그럴 때마다 곧 그것을 극복하게 하시고, 육체적인 화합을 이루어 마귀가 틈탈 수 있는 여지를 제공하지 않게 하소서.

환히 타오르던 사랑의 불꽃이 꺼지고 숨막히는 연기만 뿜어낼 때면 곧 공기를 맑게 해주시고 다시 불꽃이 타오르게 해주소서.

모든 사람은 혼인을 귀히 여기고
침소를 더럽히지 않게 하라
음행하는 자들과 간음하는 자들을
하나님이 심판하시리라.

히 13:4

여호와여 내 입 앞에 파숫군을 세우시고
내 입술의 문을 지키소서.

시 141:3

또 마음을 다하고 지혜를 다하고 힘을 다하여
하나님을 사랑하는 것과 또 이웃을 제 몸과 같이
사랑하는 것이 전체로 드리는 모든 번제물과
기타 제물보다 나으니이다.

막 12:33

아내의 성 Her Sexuality

주님, 항상 아내를 존중하게 하시고, 아내를 멸시하는 말이나 농담을 하지 않도록 해주소서. 아내가 피곤할 때나 별로 기분이 좋지 않을 때를 헤아릴 줄 알게 하소서. 하지만 아내도 저의 성적인 욕구를 이해하고 그 점을 고려해 줄 수 있게 해주소서. 오직 하나님만이 저희 부부가 균형 있는 부부 생활을 할 수 있도록 도와주실 수 있나이다.

만족스럽고 즐거우며, 서로에게 자유와 새로운 활력을 제공해 줄 수 있는 성생활을 할 수 있도록 도와주소서. 저희 부부를 굳게 동여매 주시고, 육체적으로는 물론 마음과 감정으로도 서로 하나가 될 수 있게 하소서. 성적 욕구에 대한 서로의 의사를 자유롭게 말할 수 있는 부부가 되게 하소서.

아내가 자기 몸을 주장하지 못하고
오직 그 남편이 하며
남편도 이와 같이 자기 몸을 주장하지 못하고
오직 그 아내가 하나니
서로 분방하지 말라
다만 기도할 틈을 얻기 위하여
합의상 얼마 동안은 하되 다시 합하라
이는 너희의 절제 못함을 인하여
사단으로 너희를 시험하지 못하게 하려 함이라.

고전 7:4

두 사람이 의합지 못하고야
어찌 동행하겠으며.

암 3:3

_____

_____

_____

아내의 성 Her Sexuality

주님, 서로에 대해 항상 충실한 마음을 갖게 하소서. 유혹을 일으킬 수 있는 모든 것들을 저희의 삶에서 제거해 주소서. 저희 중 한 사람이 생각이나 행위로 상대방에게 충실하지 못한 일이 있었다면, 회개하고 죄에서 돌이킬 수 있게 하소서.

우리의 성생활을 부정적으로 생각하게 하는 요인들로부터 멀어지게 하옵소서. 서로를 항상 원할 수 있게 하소서. 저희의 성생활을 새롭게 하시고, 새로운 활력을 불어넣어 주셔서, 주님이 원하시는 부부 관계를 맺어 나갈 수 있게 하소서.

그러므로 하나님이 짝지어 주신 것을
사람이 나누지 못할지니라 하시더라.

막 10:9

하나님의 뜻은 이것이니
너희의 거룩함이라
곧 음란을 버리고 각각 거룩함과 존귀함으로
자기의 아내 취할 줄을 알고
하나님을 모르는 이방인과 같이
색욕을 좇지 말고.

살전 4:3-5

여호와께서 너희 곧 너희와 또 너희 자손을
더욱 번창케 하시기를 원하노라.

시 115:14

아내의 두려움 Her Fears

주님, 아내가 "아무것도 염려하지 않게"빌 4:6 도와주소서. 주님께 모든 염려를 맡김으로써 "지각에 뛰어난 하나님의 평강"이 항상 아내의 마음에 깃들이게 하소서. (다음에는 아내가 염려하고 있는 것을 구체적으로 열거하며 기도한다.) 아내를 두려움에서 자유롭게 하시고, 위로해 주소서.

원수 마귀는 항상 두려움을 주어 아내로부터 생명을 빼앗아가고자 합니다. 마귀의 계책을 미리 알 수 있게 하시어 아내를 향한 모든 공격을 막을 수 있게 하소서. 아내가 보호자이신 하나님을 굳게 의지하게 하소서.

내가 여호와께 구하매
내게 응답하시고
내 모든 두려움에서 나를 건지셨도다.

시 34:4

사랑 안에 두려움이 없고
온전한 사랑이 두려움을 내어 쫓나니
두려움에는 형벌이 있음이라
두려워하는 자는
사랑 안에서 온전히 이루지 못하였느니라.

요일 4:18

시험에 들지 않게 깨어 있어 기도하라
마음에는 원이로되 육신이 약하도다 하시고.

마 26:41

아내의 두려움 Her Fears

주님, 아내가 사람을 두려워하지 않게 하소서. 다른 사람들의 비판에 지나치게 신경 쓰지 않게 하시고, 사람들의 말을 두려워하지 않게 해주시기를 소원합니다. 아내가 오직 하나님을 기쁘시게 하는 일에만 관심을 갖게 하소서.

성경은 "너희가 주 안에서와 그 힘의 능력으로 강건하여지고" 엡 6:10, "너는 의로 설 것이며 학대가 네게서 멀어질 것인즉 네가 두려워 아니할 것이며 공포 그것도 너를 가까이 못할 것이라" 사 54:14고 말씀합니다. 아내가 힘차게 일어나 "여호와는 나의 빛이요 나의 구원이시니 내가 누구를 두려워하리요 여호와는 내 생명의 능력이시니 내가 누구를 무서워하리요" 시 27:1라고 외치게 하소서.

사람을 두려워하면
올무에 걸리게 되거니와
여호와를 의지하는 자는 안전하리라.

잠 29:25

우리가 그 안에서 그를 믿음으로 말미암아
담대함과 하나님께 당당히 나아감을 얻느니라.

엡 3:12

아무것도 염려하지 말고
오직 모든 일에 기도와 간구로
너희 구할 것을 감사함으로 하나님께 아뢰라.

빌 4:6

아내의 두려움 Her Fears

주님, 아내가 어려운 삶 속에서도 굳세게 설 수 있도록 힘을 허락하시고, 항상 동행해 주셔서 아무것에도 흔들리지 말게 하소서. 어떤 어려움도 모두 극복할 수 있게 하소서. (이때 아내가 직면하고 있는 어려움, 고통, 약점, 유혹 등을 구체적으로 열거해 기도한다.) 아내에게 유혹이 다가오지 못하게 하소서.

아내가 어려움을 당할 때는 "사람이 감당할 시험밖에는 너희에게 당한 것이 없나니 오직 하나님은 미쁘사 너희가 감당치 못할 시험 당함을 허락지 아니하시고 시험 당할 즈음에 또한 피할 길을 내사 너희로 능히 감당하게 하시느니라" 고전 10:13라는 말씀으로 용기를 북돋아 줄 수 있게 하소서.

하나님이 우리에게 주신 것은
두려워하는 마음이 아니요
오직 능력과 사랑과 근신하는 마음이니.

딤후 1:7

시험을 참는 자는 복이 있도다
이것에 옳다 인정하심을 받은 후에
주께서 자기를 사랑하는 자들에게 약속하신
생명의 면류관을 얻을 것임이니라.

약 1:12

내가 사망의 음침한 골짜기로 다닐지라도
해를 두려워하지 않을 것은 주께서 나와 함께하심이라
주의 지팡이와 막대기가 나를 안위하시나이다.

시 23:4

아내의 두려움 Her Fears

주님, 원하는 기도 응답이 이루어지기를 참고 기다릴 수 있는 아내가 되게 하소서. 조급한 마음으로 상황이 변화하기를 바라기보다는 묵묵히 주님을 섬겨나갈 수 있게 해주소서. 오직 주님만을 두려워하게 하시고, 하나님이 자신을 영원히 그대로 내버려두지 않으실 것임을 믿는 믿음으로 현재의 삶에 만족할 수 있게 하소서.

"온전한 사랑이 두려움을 내어쫓는다" 요일 4:18는 말씀대로 주님의 온전하신 사랑으로 아내를 온전케 하소서. "너는 여호와를 바랄지어다 강하고 담대하며 여호와를 바랄지어다" 시 27:14라는 이 말씀을 항상 기억하게 하소서.

나 곧 내 영혼이 여호와를 기다리며
내가 그 말씀을 바라는도다.

시 130:5

너희에게 인내가 필요함은
너희가 하나님의 뜻을 행한 후에
약속을 받기 위함이라.

히 10:36

내 이름으로 일컫는 내 백성이 그 악한 길에서 떠나
스스로 겸비하고 기도하여 내 얼굴을 구하면
내가 하늘에서 듣고
그 죄를 사하고 그 땅을 고칠지라.

대하 7:14

아내의 소명 Her Purpose

주님, 아내에게 주어진 은사와 재능은 마땅히 주님의 뜻을 이루고 주님께 영광을 돌리는 데 사용되어야 합니다. 아내가 자신의 은사와 재능을 발견하게 하시고 저도 그것들을 발견하여 아내를 격려할 수 있게 하소서. 오직 그녀만이 할 수 있는 일을 하나님이 허락해 주셨음을 알게 하소서. 아내로 하여금 자신의 소명을 알게 하시고, 자신의 은사를 사용해 그 소명을 이루어나갈 수 있도록 기회의 문을 활짝 열어 주소서.

주님께서 자신을 향한 최고의 계획을 가지고 계심을 알게 하시고 그 안에서 행복하게 하소서.

모든 일을 그 마음의 원대로
역사하시는 자의 뜻을 따라
우리가 예정을 입어 그 안에서 기업이 되었으니
이는 그리스도 안에서 전부터 바라던 우리로
그의 영광의 찬송이 되게 하려 하심이라.

엡 1:11-12

어진 여인은 그 지아비의 면류관이나
욕을 끼치는 여인은
그 지아비로 뼈가 썩음 같게 하느니라.

잠 12:4

여호와께서 사람의 걸음을 정하시고
그 길을 기뻐하시나니.

시 37:23

아내의 소명 Her Purpose

주님, 아내가 주님과 제가 원하는 사람이 되게 하소서. (이때 아내에게 가장 필요하다고 생각하는 것을 구체적으로 기도한다.) 또한 아내가 제게 무엇을 필요로 하는지 알게 해주소서.

서로의 능력을 벗어나지 않는 한도에서 서로에게 해줄 수 있는 일을 할 수 있게 하소서. 서로에게 비현실적인 기대를 하지 말게 하시고, 오직 주님을 바라볼 수 있게 하소서. 주님이 저희 부부에게 주신 은사와 재능을 발견하게 하시고, 그것들을 발전시켜 나갈 수 있도록 서로 격려하게 하소서.

우리에게 주신 은혜대로 받은 은사가 각각 다르니
혹 예언이면 믿음의 분수대로.

롬 12:6

너희 마음 눈을 밝히사
그의 부르심의 소망이 무엇이며
성도 안에서 그 기업의 영광의 풍성이 무엇이며
그의 힘의 강력으로 역사하심을 따라 믿는
우리에게 베푸신 능력의 지극히 크심이 어떤 것을
너희로 알게 하시기를 구하노라.

엡 1:18-19

긍휼히 여기는 자는 복이 있나니
저희가 긍휼히 여김을 받을 것임이요.

마 5:7

아내의 소명 Her Purpose

주님, 제게 아내를 허락해 주셔서 감사합니다. 잠 19:14 아내가 하나님의 궁극적인 목적에 일치하는 삶을 살게 하시고, 그 안에서 만족을 얻게 하소서.

아내의 재능과 은사를 사용해 다른 사람들에게 축복이 되게 하소서. "네 집 내실에 있는 네 아내는 결실한 포도나무 같으며" 시 128:3, "덕행 있는 여자가 많으나 그대는 여러 여자보다 뛰어난다" 잠 31:29, "너희 빛을 사람 앞에 비취게 하여 저희로 너희 착한 행실을 보고 하늘에 계신 너희 아버지께 영광을 돌리게 하라" 마 5:16 는 성경 말씀으로 아내를 격려해 줄 수 있게 하소서. 주님, 아내의 소원과 그 모든 목적이 이루어질 수 있게 하소서. 시 20:4

하나님이 우리를 구원하사
거룩하신 부르심으로 부르심은
우리의 행위대로 하심이 아니요
오직 자기 뜻과 영원한 때 전부터
그리스도 예수 안에서
우리에게 주신 은혜대로 하심이라.

딤후 1:9

하나님의 은사와 부르심에는
후회하심이 없느니라.

롬 11:29

네 마음의 소원대로 허락하시고
네 모든 도모를 이루시기를 원하노라.

시 20:4

아내의 신뢰 Her Trust

주님, 아내가 모든 일에 저를 믿을 수 있게 하소서. 무엇보다도 아내가 저를 통해 하나님의 성령이 일하신다는 사실을 믿게 하시기 원합니다. 신뢰가 무너졌다면, 어디에서부터 잘못되었는지 알게 하셔서 주님께 그 죄를 고백할 수 있게 하소서. 제가 신뢰를 무너뜨릴 만한 행위를 하지 않게 하소서.

항상 아내가 믿을 수 있는 사람이 되게 하소서. 제가 주님을 굳게 믿고 있을 뿐 아니라, 모든 일을 믿을 만하게 처리할 수 있는 남편임을 아내에게 확신시킬 수 있게 하소서. 주님을 신뢰하는 자들에게 방패가 되어 주신다는 것을 압니다. 시 30:5 우리의 믿음을 키워주소서.

하나님의 도는 완전하고
여호와의 말씀은 정미하니
저는 자기에게 피하는 모든 자에게 방패시로다.

삼하 22:31

너는 마음을 다하여 여호와를 의뢰하고
네 명철을 의지하지 말라.

잠 3:5

누가 현숙한 여인을 찾아 얻겠느냐
그 값은 진주보다 더 하니라
그런 자의 남편의 마음은 그를 믿나니
산업이 핍절치 아니하겠으며.

잠 31:10-11

아내의 신뢰 Her Trust

주님, 아내가 아무런 이유 없이 저를 신뢰하지 않는 부분이 있다면, 그녀로 하여금 진실을 볼 수 있게 하소서. 혹시 아내가 다른 사람에게 입은 상처 때문에 저를 믿지 못하거든, 그 사람을 용서하고 그 일에서 해방되게 하소서. 아내가 그와 같은 일로 저까지 신뢰하지 못하는 일이 없게 해주시고, 저를 똑같은 사람으로 여기지 않게 하소서. (이때 아내의 신뢰가 결핍된 부분을 구체적으로 열거해 기도한다.)

저희 부부 사이에 신뢰가 깨어진 부분이 있다면 다시 회복시켜 주소서. 저희 부부 모두 주님을 신뢰할 수 있게 하소서.

……여호와의 이름을 의뢰하며
자기 하나님께 의지할지어다.

사 50:10

오직 주에게 피하는 자는 다 기뻐하며
주의 보호로 인하여 영영히 기뻐 외치며
주의 이름을 사랑하는 자들은
주를 즐거워하리이다
여호와여 주는 의인에게 복을 주시고
방패로 함같이 은혜로 저를 호위하시리이다.

시 5:11-12

하나님의 말씀은 다 순전하며
하나님은 그를 의지하는 자의 방패시니라.

잠 30:5

_____

_____

_____

아내의 신뢰 Her Trust

주님, 저와 제 아내가 과거에 다른 이성들과 나누었던 불건전한 관계를 모두 깨끗이 청산할 수 있게 하시고, 저희 부부 사이에 부부 관계 이외에 다른 관계를 가짐으로써 주님을 영화롭게 하지 못했던 일이 있었다면 온전히 회개할 수 있도록 도와주시기 원합니다.

주님, 저를 향한 아내의 신뢰가 더욱 깊어질 수 있게 하소서. 혹시 아내의 판단, 능력, 결정, 성실을 의심할 만한 일이 있다면 저로 하여금 알게 하시기 원합니다. 아내가 항상 신뢰할 수 있는 사람이 되어 제가 전적으로 그녀를 믿을 수 있게 해주소서.

아침에 나로 주의 인자한 말씀을 듣게 하소서
내가 주를 의뢰함이니이다
나의 다닐 길을 알게 하소서
내가 내 영혼을 주께 받듦이니이다.

시 143:8

여호와께 피함이
사람을 신뢰함보다 나으며.

시 118:8

우리가 선을 행하되 낙심하지 말지니
피곤하지 아니하면 때가 이르매 거두리라.

갈 6:9

아내의 보호 Her Protection

주님, 주님의 팔로 아내를 두르시어 보호해 주소서. 사고와 질병과 악한 세력으로부터 아내를 안전하게 지켜주소서. 자동차나 비행기를 탈 때나, 어느 곳에 있든지 아내를 보호해 주소서. 아내가 어떤 해도 입지 않게 해주소서.

아내를 해하려는 원수의 그 어떤 무기도 성공을 거두지 못하게 하시고 사54:17, 아내를 악한 사람들의 계획으로부터 지켜 주소서.

주님, 오늘도 아내를 지켜 주시고 평화로운 휴식을 취할 수 있게 해주셔서 감사합니다. 오직 주님만이 아내를 안전하게 거하게 하실 수 있나이다. 시4:8

여호와는 나의 반석이시요 나의 요새시요
나를 건지시는 자시요 나의 하나님이시요
나의 피할 바위시요 나의 방패시요
나의 구원의 뿔이시요 나의 산성이시로다
내가 찬송받으실 여호와께 아뢰리니
내 원수들에게서 구원을 얻으리로다.

시 18:2-3

네가 물 가운데로 지날 때에 내가 함께할 것이라
강을 건널 때에 물이 너를 침몰치 못할 것이며
네가 불 가운데로 행할 때에 타지도 아니할 것이요
불꽃이 너를 사르지도 못하리니.

사 43:2

아내의 보호 Her Protection

주님, 아내가 자신의 몸이 주님이 거하시는 전임을 알게 하소서. 아내가 자신의 건강을 관리할 수 있게 하시고, 건강에 좋은 음식을 잘 선택해 먹을 수 있게 하소서. 아내가 규칙적인 운동을 할 수 있게 하시어 지구력을 갖추게 해주시기 원합니다. 아내에게 깊은 잠을 허락하시어 깰 때는 모든 피곤이 말끔히 사라지게 하소서.

아내가 몸을 돌보는 일을 비롯해 그 어떤 일을 할 때마다 주님을 의지하게 하소서. 아내의 모든 길을 인도해 주시기 원합니다. 하루를 살아가며 아내의 시간과 주의가 요구되는 일을 행함에 있어 주님께서 지켜 주소서.

값으로 산 것이 되었으니
그런즉 너희 몸으로 하나님께 영광을 돌리라.

고전 6:20

네가 말하기를
여호와는 나의 피난처시라 하고
지존자로 거처를 삼았으므로
화가 네게 미치지 못하며
재앙이 네 장막에 가까이 오지 못하리니
저가 너를 위하여 그 사자들을 명하사
네 모든 길에 너를 지키게 하심이라
저희가 그 손으로 너를 붙들어
발이 돌에 부딪히지 않게 하리로다.

시 91:9-12

아내의 보호 Her Protection

주님, 천사들을 명하시어 아내의 모든 길을 지켜 주소서. 시91:11

"저가 너를 그 깃으로 덮으시리니 네가 그 날개 아래 피하리로다 그의 진실함은 방패와 손 방패가 되나니 너는 밤에 놀램과 낮에 흐르는 살과 흑암 중에 행하는 염병과 백주에 황폐케 하는 파멸을 두려워 아니하리로다 천인이 네 곁에서, 만인이 네 우편에서 엎드러지나 이 재앙이 네게 가까이 못하리로다" 시91:4-7 는 말씀이 아내에게 이루어지게 하소서.

여호와의 사자가 주를 경외하는 자를 둘러 진치고
저희를 건지시는도다.

시 34:7

무릇 너를 치려고 제조된 기계가
날카롭지 못할 것이라
무릇 일어나 너를 대적하여 송사하는 혀는
네게 정죄를 당하리니 이는 여호와의 종들의 기업이요
이는 그들이 내게서 얻은 의니라
여호와의 말이니라.

사 54:17

저가 너를 위하여 그 사자들을 명하사
네 모든 길에 너를 지키게 하심이라.

시 91:11

아내의 소원 Her Desires

주님, 오늘도 아내를 사랑해 주시고, 그녀의 깊은 소원을 이루어 주소서. 아내가 해나가는 모든 일 가운데 진정으로 좋아할 수 있는 일을 갖게 하소서. 아내가 자신의 꿈을 주님께 맡기게 하셔서 그 마음에 주님이 원하시는 꿈을 갖게 하소서.

아내가 자신의 꿈, 곧 주님이 축복해 주시지 않을 꿈을 스스로 이루려고 하지 말게 하시고, 자신의 계획을 주님께 모두 맡기고 온전히 주님의 뜻을 따르게 하소서. 주님의 계획 가운데 정하신 때에 모든 일이 이루어진다는 것을 믿습니다. 주님의 완전한 시간에 아내의 최상의 꿈이 이뤄지게 하소서.

저는 자기를 경외하는 자의
소원을 이루시며
또 저희 부르짖음을 들으사
구원하시리로다.

시 145:19

또 여호와를 기뻐하라
저가 네 마음의 소원을 이루어 주시리로다.

시 37:4

묵시가 없으면 백성이 방자히 행하거니와
율법을 지키는 자는 복이 있느니라.

잠 29:18

아내의 소원 Her Desires

주님, 아내가 관심을 기울이는 일이 무엇인지 저로 하여금 알게 하소서. 저희 부부가 서로 즐거움을 공유할 수 있는 일을 허락해 주소서. (이때 특별히 아내와 함께하고 싶은 일이 있으면 구체적으로 언급한다.) 아내가 제가 좋아하는 것을 이해할 뿐 아니라, 그것을 함께 즐길 수 있게 하소서.

주님, 저희 부부에게 서로 양립할 수 없는 꿈을 허락하지 않으신다는 것을 압니다. 저희 부부의 소원이 서로 완벽하게 어울릴 수 있도록 해주소서. 서로 자신의 꿈에만 마음을 쏟지 말게 하시고, 상대방의 꿈에도 관심을 갖게 하소서. 항상 서로의 꿈을 나눌 수 있는 부부가 되게 해주소서.

손을 펴사 모든 생물의 소원을 만족케 하시나이다.

시 145:16

이에 저희가 그 근심 중에서 여호와께 부르짖으매
그 고통에서 인도하여 내시고
광풍을 평정히 하사 물결로 잔잔케 하시는도다
저희가 평온함을 인하여 기뻐하는 중에
여호와께서 저희를 소원의 항구로 인도하시는도다.

시 107:28-30

서로 돌아보아 사랑과 선행을 격려하며
모이기를 폐하는 어떤 사람들의
습관과 같이 하지 말고
오직 권하여 그 날이 가까움을 볼수록 더욱 그리하자.

히 10:24-25

아내의 일 Her Work

주님, 아내의 일이 성공을 거둘 수 있도록 축복해 주소서. 언제 무슨 일을 하든지, 아내의 일을 도와주시고 사람들로부터 인정받을 수 있게 하소서. 아내에게 은사와 재능을 주신 것을 감사드립니다. 그런 은사와 재능을 발휘하고 더욱 발전시켜서 주님의 뜻을 이루는 데 사용될 수 있게 하소서. 아내의 은사와 재능이 날이 갈수록 그 가치를 나타내게 하시고, 자신이 하는 일에 뛰어나게 해주시기 원합니다. 아내에게 아무도 닫을 수 없는 축복의 문을 열어 주시고, 성공할 수 있게 하소서.

아내가 자신이 원하는 일을 할 수 있고, 그 손으로 하는 일을 견고하게 해주시기 소원합니다. 시 90:17

의인의 수고는 생명에 이르고
악인의 소득은 죄에 이르느니라.

잠 10:16

이 율법책을 네 입에서 떠나지 말게 하며
주야로 그것을 묵상하여
그 가운데 기록한 대로 다 지켜 행하라
그리하면 네 길이 평탄하게 될 것이라
네가 형통하리라.

수 1:8

주 우리 하나님의 은총을 우리에게 임하게 하사
우리 손의 행사를 우리에게 견고케 하소서
우리 손의 행사를 견고케 하소서.

시 90:17

아내의 일 Her Work

주님, 저희에게 서로 경쟁하는 마음이 없게 하시고, 상대방이 무엇을 성취할 때마다 진정으로 기뻐하고 축하해 줄 수 있는 부부가 되게 하시고, 서로를 세워줄 수 있게 하소서. 우리가 한 팀이라는 것을 잊지 않게 하소서. 그리고 제가 아내를 늘 격려해 줄 수 있기를 원합니다.

주님, 저희가 일을 하면서 늘 "여호와께서 복을 주시므로 사람으로 부하게 하시고 근심을 겸하여 주지 아니하시느니라" 잠 10:22는 말씀을 기억하게 해주소서. 또한 성경은 "일군이 그 삯을 받는 것이 마땅하다" 딤전 5:18고 말씀합니다. 아내가 그 하는 일에 충분한 보상을 받을 수 있게 하시고, 그로 인해 저희 부부와 가족은 물론 다른 사람들까지 축복을 받게 하소서.

그 손의 열매가 그에게로 돌아갈 것이요
그 행한 일을 인하여 성문에서 칭찬을 받으리라.

잠 31:31

손을 게으르게 놀리는 자는 가난하게 되고
손이 부지런한 자는 부하게 되느니라.

잠 10:4

모든 수고에는 이익이 있어도
입술의 말은 궁핍을 이룰 뿐이니라.

잠 14:23

우리가 하나님을 의지하고 용감히 행하리니
저는 우리의 대적을 밟으실 자심이로다.

시 60:12

아내의 구원 Her Deliverance

주님, 주님께로 나아가지 못하게 속박하는 모든 것들로부터 아내를 자유롭게 하소서. 아내의 삶을 지배하고 구속하는 과거의 모든 기억으로부터 구원하소서. 아내가 자신에게 상처를 준 사람을 용서하고, 용서하지 못함으로써 스스로를 속박하지 않게 해주시기 원합니다.

주님이 원하시는 사람이 될 수 없게 방해하는 모든 것들로부터 아내를 해방하소서. 원수 마귀의 악한 계획으로부터 아내를 보호하셔서 주님이 아내에게 주고자 하신 구원과 치유가 이루어지게 하소서.

너희는 이전 일을 기억하지 말며
옛적 일을 생각하지 말라
보라 내가 새 일을 행하리니 이제 나타낼 것이라
너희가 그것을 알지 못하겠느냐
정녕히 내가 광야에 길과 사막에 강을 내리니.

사 43:18-19

진리가 예수 안에 있는 것같이
너희가 과연 그에게서 듣고
또한 그 안에서 가르침을 받았을진대
너희는 유혹의 욕심을 따라
썩어져 가는 구습을 좇는 옛 사람을 벗어버리고
오직 심령으로 새롭게 되어 하나님을 따라
의와 진리의 거룩함으로 지으심을 받은 새 사람을 입으라.

엡 4:21-24

아내의 구원 Her Deliverance

주님, 아내가 빼앗긴 모든 것을 되찾게 하시고, 모든 좋은 것을 잃지 않게 해주시기 소원합니다. 주님이 계시는 곳에 치유와 온전한 회복이 있음을 믿습니다.

주님, "우리가 육체에 있어 행하나 육체대로 싸우지 아니하노니 우리의 싸우는 병기는 육체에 속한 것이 아니요 오직 하나님 앞에서 견고한 진을 파하는 강력이라"고후 10:3-4고 말씀하셨습니다. 예수님의 이름으로 아내를 포위하고 있는 모든 견고한 진을 무너뜨려 주소서. (이때 아내가 자유롭게 되어야 할 구체적인 문제를 언급하고 하나님의 도움을 구한다.)

주께서 나를 모든 악한 일에서 건져내시고
또 그의 천국에 들어가도록 구원하시리니
그에게 영광이 세세 무궁토록 있을지어다 아멘.

딤후 4:18

내가 소경을 그들의 알지 못하는 길로 이끌며
그들의 알지 못하는 첩경으로 인도하며
흑암으로 그 앞에 광명이 되게 하며
굽은 데를 곧게 할 것이라
내가 이 일을 행하여 그들을 버리지 아니하리니.

사 42:16

자기의 마음을 믿는 자는 미련한 자요
지혜롭게 행하는 자는 구원을 얻을 자니라.

잠 28:26

아내의 구원 Her Deliverance

주님, 아내가 예수의 이름으로 자유하기를 원합니다.(이때 아내가 자유하기 원하는 문제를 구체적으로 언급한다.) "나는 시온의 공의가 빛같이, 예루살렘의 구원이 횃불같이 나타나도록 시온을 위하여 잠잠하지 아니하며" 사 62:1 라는 말씀대로 아내에게 해방과 구원을 주소서. 아내를 위해 흑암을 광명으로 바꾸어 주시고, 굽은 데를 곧게 해주시기 원합니다. 사 42:16

"지혜롭게 행하는 자는 구원을 얻을지니라" 잠 28:26 고 말씀하셨습니다. 아내가 지혜롭게 행하게 하시고, 온전한 구원을 얻게 하소서. 또한 그 과정에서 제가 아내를 돕고 사랑할 수 있게 해주소서.

그런즉 누구든지 그리스도 안에 있으면
새로운 피조물이라
이전 것은 지나갔으니 보라 새 것이 되었도다.

고후 5:17

형제들아 나는 아직 내가 잡은 줄로 여기지 아니하고
오직 한 일 즉 뒤에 있는 것은 잊어버리고
앞에 있는 것을 잡으려고 푯대를 향하여
그리스도 예수 안에서
하나님이 위에서 부르신 부름의 상을 위하여 좇아가노라.

빌 3:13-14

지혜와 권능이 하나님께 있고
모략과 명철도 그에게 속하였나니.

욥 12:13

아내의 하나님 순종 Her Obedience

주님, 아내가 주님의 계명과 주님의 길에 온전히 순종할 수 있게 하소서. 아내의 생각과 행위가 하나님의 뜻에 일치하지 않거든 자신의 삶을 돌이켜 볼 수 있는 마음을 허락해 주소서. 주님의 임재와 사랑의 충만함으로부터 아내를 분리시키는 그 어떤 것이라도 멀어지게 하소서.

주님의 음성을 들을 수 있는 귀를 주시고, 주님이 원하시는 일을 행하고자 하는 마음을 주소서. 혹시 아내가 잘못을 범했거든 속히 고백하게 하시고, 순종의 삶을 살 수 있도록 도와주소서. 삶속에서 순종치 못한 부분을 알게 하시고 아내가 감당해야 할 일들을 하도록 도우소서.

사무엘이 가로되 여호와께서 번제와 다른 제사를
그 목소리 순종하는 것을 좋아하심같이
좋아하시겠나이까
순종이 제사보다 낫고
듣는 것이 수양의 기름보다 나으니.

삼상 15:22

대저 그 마음의 생각이 어떠하면 그 위인도 그러한즉.

잠 23:7上

예수께서 대답하여 가라사대
사람이 나를 사랑하면 내 말을 지키리니
내 아버지께서 저를 사랑하실 것이요
우리가 저에게 와서 거처를 저와 함께하리라.

요 14:23

아내의 하나님 순종 Her Obedience

주님, "계명을 지키는 자는 자기의 영혼을 지키거니와"라고 말씀하셨습니다.잠 19:16 아내가 순종의 길로 행할 때에, 그녀의 마음과 생각과 감정을 지켜 주소서.

주님, "마음에 가득한 것을 입으로 말함이라"고 했습니다.마 12:34 아내의 마음에 주님의 사랑과 평화와 기쁨이 가득하여 그녀의 말에서 흘러 넘치게 하소서. 성령이여, 아내의 입술을 지켜주셔서 생명을 주는 말을 하게 하소서. "내가 결심하고 입으로 범죄치 아니하리이다"시 17:3라고 한 다윗과 같이 입술로 죄를 짓지 말게 하소서.

내 아들아 나의 법을 잊어버리지 말고
네 마음으로 나의 명령을 지키라
그리하면 그것이 너로 장수하여
많은 해를 누리게 하며 평강을 더하게 하리라
인자와 진리로 네게서 떠나지 않게 하고
그것을 네 목에 매며 네 마음판에 새기라.

잠 3:1-3

입을 지키는 자는 그 생명을 보전하나
입술을 크게 벌리는 자에게는 멸망이 오느니라.

잠 13:3

입을 열어 지혜를 베풀며
그 혀로 인애의 법을 말하며.

잠 31:26

아내의 하나님 순종 Her Obedience

주님, "정직히 행하는 자에게 좋은 것을 아끼지 아니하실" 것이라고 말씀하셨습니다.시 84:11 아내가 항상 바르게 행하여 주님의 축복을 누리게 하시기를 원합니다.

특별히 주님께서 잠 3:1-2에서 말씀하신 것처럼 평강과 장수하는 삶으로 축복하여 주소서. 아내가 주님께 순종함으로써 모든 선한 것으로 가득한 삶을 살게 하소서. 아내의 말과 마음의 묵상이 우리의 힘이시요 구원이신 주님께 열납되기를 원합니다.시 19:14

의인의 길은 돋는 햇볕 같아서
점점 빛나서 원만한 광명에 이르거니와.

잠 4:18

계명을 지키는 자는 자기의 영혼을 지키거니와
그 행실을 삼가지 아니하는 자는 죽으리라.

잠 19:16

여호와 하나님은 해요 방패시라
여호와께서 은혜와 영화를 주시며
정직히 행하는 자에게
좋은 것을 아끼지 아니하실 것임이니이다.

시 84:11

아내의 미래 Her Future

주님, 아내가 자신의 과거, 현재, 미래를 아무런 근심 없이 받아들일 수 있게 하소서. 아내에게 미래를 위한 비전을 주셔서 자신이 주님의 보호 아래 안전하다는 사실을 확신할 수 있게 해주시기 원합니다.

아내가 자신의 과거를 완전히 떨쳐 버릴 수 있게 하시고, 주님이 아내를 위해 허락해 주실 미래를 아무것도 방해하지 못하게 하소서. 아내가 주님의 관점으로 자신의 미래를 볼 수 있게 하시고, 마귀의 거짓말에 현혹되지 않게 하소서. "너희를 향한 나의 생각은 내가 아나니 재앙이 아니라 곧 평안이요 너희 장래에 소망을 주려 하는 생각이라"고 말씀하셨습니다. 렘 29:11 아내가 이 약속을 굳게 믿게 하소서.

기록된 바 하나님이 자기를 사랑하는 자들을 위하여
예비하신 모든 것은
눈으로 보지 못하고 귀로도 듣지 못하고
사람의 마음으로도 생각지 못하였다 함과 같으니라.

고전 2:9

내가 너희에게 분부한 모든 것을
가르쳐 지키게 하라
볼지어다 내가 세상 끝날까지
너희와 항상 함께 있으리라 하시니라.

마 28:20

누가 능히 하나님의 택하신 자들을 송사하리요
의롭다 하신 이는 하나님이시니.

롬 8:33

아내의 미래 Her Future

주님, 아내가 매사에 지혜로울 수 있게 하소서. 기도하옵건대, 아내가 결정을 내려야 할 때는 성령의 인도하심을 받을 수 있게 하소서. 일을 할 때나, 여행을 할 때나, 인간 관계를 맺을 때나, 경제적인 문제를 다룰 때 아내에게 지혜를 주시고, 거짓과 진실을 가려낼 수 있는 분별력을 허락해 주소서.

지혜를 구하는 자에게 주어지는 축복, 곧 삶의 만족과 장수와 즐거움과 부와 활력과 행복이 아내에게 주어지기를 기도합니다.잠 3:16-18 또한 보호와 안식과 은총을 얻게 하시고, 두려움에서 자유롭게 하시며, 주님을 굳게 의지하게 하소서.잠 3:21-26

정녕히 네 장래가 있겠고
네 소망이 끊어지지 아니하리라.

잠 23:18

그러나 이 모든 일에
우리를 사랑하시는 이로 말미암아
우리가 넉넉히 이기느니라.

롬 8:37

우리가 알거니와
하나님을 사랑하는 자
곧 그 뜻대로 부르심을 입은 자들에게는
모든 것이 합력하여 선을 이루느니라.

롬 8:28

_____

_____

_____

아내의 미래 Her Future

주님, 아내가 인간의 지혜가 아니라 하나님의 지혜를 의지하게 하셔서 영광에서 영광에 이르는 삶을 살게 하시고, 날마다 새로운 힘을 얻게 하소서.

그녀가 무엇을 결정하든지 성령님께서 친히 아내를 인도하여 주소서. 또한 저희 부부가 함께 결정해야 할 문제가 있을 때는 서로 화합할 수 있는 지혜를 허락해 주소서. (이때 특별히 결정해야 할 문제를 구체적으로 언급하고 하나님의 인도하심을 구한다.)

저희가 하나님의 뜻을 알게 하소서. 저희로 하여금 주님을 기쁘시게 할 수 있는 신앙적인 결정을 내릴 수 있게 해주시기를 기도합니다.

그러하나 진리의 성령이 오시면
그가 너희를 모든 진리 가운데로 인도하시리니
그가 자의로 말하지 않고 오직 듣는 것을 말하시며
장래 일을 너희에게 알리시리라.

요 16:13

집과 재물은 조상에게서 상속하거니와
슬기로운 아내는 여호와께로서 말미암느니라.

잠 19:14

너희 중에 누구든지 지혜가 부족하거든
모든 사람에게 후히 주시고 꾸짖지 아니하시는
하나님께 구하라 그리하면 주시리라.

약 1:5

아내의 미래 Her Future

주님, "의인은……여호와의 집에 심겼음이여 우리 하나님의 궁정에서 흥왕하리로다 늙어도 결실하며 진액이 풍족하고 빛이 청청하여"시 92:12-14라고 말씀하신 대로 아내가 주님의 집과 궁정에 심겨져 풍성히 열매맺기 원합니다. 아내가 주님의 축복으로 매해 생명의 열매를 맺을 수 있게 하소서.

아내에게 장수의 축복을 내려주소서. 주님이 아내의 생명을 취하실 때에도 평화와 기쁨 속에서 고통 없이 운명하게 하시고, 세상을 비추는 등불이었다는 말을 들으며 주님께 돌아갈 수 있게 하소서.

나 여호와가 말하노라
너희를 향한 나의 생각은 내가 아나니
재앙이 아니라 곧 평안이요
너희 장래에 소망을 주려 하는 생각이라
너희는 내게 부르짖으며 와서 내게 기도하면
내가 너희를 들을 것이요
너희가 전심으로 나를 찾고 찾으면 나를 만나리라.

렘 29:11-13

그 귀를 내게 기울이셨으므로
내가 평생에 기도하리로다.

시 116:2

사명선언문

너희가 흠이 없고 순전하여······세상에서 그들 가운데 빛들로
나타내며 생명의 말씀을 밝혀 _ 빌 2:15-16

1. 생명을 담겠습니다
만드는 책에 주님 주신 생명을 담겠습니다.
그 책으로 복음을 선포하겠습니다.

2. 말씀을 밝히겠습니다
생명의 근본은 말씀입니다.
말씀을 밝혀 성도와 교회의 성장을 돕겠습니다.

3. 빛이 되겠습니다
시대와 영혼의 어두움을 밝혀 주님 앞으로 이끄는
빛이 되는 책을 만들겠습니다.

4. 순전히 행하겠습니다
책을 만들고 전하는 일과 경영하는 일에 부끄러움이 없는
정직함으로 행하겠습니다.

5. 끝까지 전파하겠습니다
모든 사람에게, 땅 끝까지, 주님 오시는 그날까지
복음을 전하는 사명을 다하겠습니다.

서점 안내

광화문점 서울시 종로구 새문안로 69 구세군회관 1층
02)737-2288 / 02)737-4623(F)

강남점 서울시 서초구 신반포로 177 반포쇼핑타운 3동 2층
02)595-1211 / 02)595-3549(F)

구로점 서울시 동작구 시흥대로 602, 3층 302호
02)858-8744 / 02)838-0653(F)

노원점 서울시 노원구 동일로 1366 삼봉빌딩 지하 1층
02)938-7979 / 02)3391-6169(F)

일산점 경기도 고양시 일산서구 중앙로 1391 레이크타운 지하 1층
031)916-8787 / 031)916-8788(F)

의정부점 경기도 의정부시 청사로47번길 12 성산타워 3층
031)845-0600 / 031)852-6930(F)

인터넷서점 www.lifebook.co.kr